Gruselgeschichten

Doris Jannausch • Cordula Tollmien • Ingrid Uebe

MIt Illustrationen von

Heinz Ortner, Angela Weinhold, Maria Wissmann

gondolino

© für diese Ausgabe: gondolino in der
Gondrom Verlag GmbH, Bindlach 2002
Reihenlogo: Angelika Stubner
Coverillustration: Silke Voigt
ISBN 3-8112-1765-8

Inhalt

Der Poltergeist

Jakob will gerade ins Bett, als es losgeht. Erst ist es nur ein leises Rumoren, doch dann kracht es plötzlich und kurz danach hört er ein unheimliches Scharren. Es ist direkt über ihm. Er starrt an die Decke und horcht. Das Scharren wird lauter. Dann ist es plötzlich weg, doch kurz darauf fängt es wieder an. Jakob läuft ein Schauer über den Rücken. Oben auf dem Dachboden muss irgendjemand sein. Ein Einbrecher vielleicht?

Was soll er bloß tun? Die Eltern sind nicht da, nur Opa. Doch der sitzt bestimmt vor dem Fernseher und da kriegt er nichts mit. In diesem Moment hört Jakob einen furchtbaren Schlag. Er kann sich nicht rühren vor Schreck. Das kann kein Einbrecher sein. Der würde niemals so einen Krach machen.

Er muss Opa Bescheid sagen. Der guckt tatsächlich Fernsehen und hat nichts gehört. Wenigstens begreift er gleich, was Jakob will. Ohne viel zu fragen kommt er mit in sein Zimmer. Dort ist es natürlich gerade still. Jakob sieht seinem Opa an, dass er ihm nicht glaubt. Doch dann geht es plötzlich wieder los. Kein Krachen diesmal. Nur ein fürchterliches Kratzen und Scharren. Auch Opa ist erschrocken.

„Hast du irgendwo eine Taschenlampe?", fragt er Jakob. „Wir müssen oben nachsehen."

Natürlich hat Jakob eine Taschenlampe, und sie funktioniert sogar.

Opa geht voraus und Jakob schleicht vorsichtig hinterher. Die Dachbodentür quietscht fürchterlich und beide würden am liebsten wieder umkehren. Doch sie gehen tapfer ein paar Schritte weiter.

Dann bleiben sie stehen und Opa leuchtet einmal in die Runde. Es ist nichts zu sehen, auch nichts zu hören. Sie warten und lauschen. Dann gehen sie mutig weiter in den Raum hinein. Sie leuchten in jede Ecke. Nichts.

„Es scheint so, als hätten wir ihn vertrieben", flüstert Opa.

„Wen?", fragt Jakob.

„Weiß ich auch nicht", antwortet Opa. „Aber irgendwer muss den Krach doch gemacht haben."

Er leuchtet mit der Taschenlampe nach oben ans Dach. Und da entdecken sie, dass ein Ziegel verschoben ist. Nur einer. „Hm", brummt Opa, „ein Mensch passt da jedenfalls nicht durch. Vielleicht war es nur der Wind."

Jakob glaubt das nicht so recht. Aber er weiß auch nicht, wer durch so ein kleines Loch passt und so einen Krach machen kann.

Opa steigt auf einen Stuhl und legt den Ziegel wieder an seinen Platz.

„So", sagt er, „das wär's. Ich denke, wir werden jetzt unsere Ruhe haben." Aber da täuscht sich Opa. Jakob geht zwar einigermaßen beruhigt ins Bett. Und weil alles still ist, schläft er schließlich auch ein. Doch mitten in der Nacht geht das Getöse wieder los. Jakob sitzt im Bett. Diesmal hat zum Glück auch Opa etwas gehört und kommt zu Jakob ins Zimmer. Dann lauschen sie gemeinsam.

weiß nicht. Vielleicht haben wir das alles auch nur geträumt. Was meinst du, Jakob?" Der schüttelt den Kopf. Da ist er sich sicher. Geträumt hat er nicht. Außerdem sind da ja auch noch die umgefallenen Stühle.

Heute Nacht werden Franziska und Jesko bei ihm schlafen. Sie wollen unbedingt miterleben, wenn der Geist spukt. Vielleicht kommen sie ihm ja auf die Schliche. Opa hat nichts dagegen. Doch zum Schlafen haben alle drei keine Lust. Und so sitzen sie gemeinsam auf Jakobs Bett und warten. Erst ist alles ganz ruhig.

Plötzlich sagt Jesko: „Pst, ich höre was." Sie lauschen angestrengt. „Da klettert jemand an der Regenrinne hoch."

Und tatsächlich, genauso klingt es. Jesko hat wirklich gute Ohren. Vorsichtig – ohne Licht zu machen – schleichen die drei zum Fenster. Doch es ist nichts zu sehen.

„Wir müssen raus", flüstert Franziska. Und Jakob flüstert zurück: „Ich hole Opa."

Opa findet es eigentlich ein bisschen gefährlich, dass die Kinder mit rausgehen wollen. Wenn da draußen nun doch ein Einbrecher ist!

Aber Franziska lässt sich nicht abwimmeln. Sie will unbedingt den Geist sehen. Sie hat keine Angst vor Geistern. Und Jakob und Jesko laufen einfach hinterher. Jakob nimmt natürlich seine Taschenlampe mit.

Draußen ist nichts zu entdecken. Auch an der Regenrinne nicht. Doch dann leuchtet Jakob mit seiner Taschenlampe das Dach ab. Und da sehen sie es: Oben auf dem Dachfirst balanciert ein kleiner Bär. Als ihn die Taschenlampe blendet, bleibt er stehen. Ganz ruhig. So, als sei das sein Haus und sein Dach. Nur seine Augen funkeln und sein schwarzweiß geringelter Schwanz steht steil nach oben.

„Ach du lieber Himmel", lacht Opa. „Ein Waschbär. Und der hat sich ausgerechnet unseren Dachboden als Quartier ausgesucht. Das kann ja heiter werden." „Wieso?", fragt Jakob.

„Na, der macht jede Nacht so einen Krach, dass wir nicht mehr schlafen können", antwortet Opa. „Ihr habt schon Recht. Unser neuer Hausgenosse ist nicht nur ein Poltergeist, sondern auch ein echter Quälgeist. Wir müssen ihn dringend überreden in den Wald umzuziehen."

Das geht ganz einfach. Opa wickelt etwas Stacheldraht um die Regenrinne. So kann der Waschbär nicht mehr auf den Dachboden klettern. Jakob ist ein wenig traurig darüber, obwohl er auch froh ist, dass er wieder in Ruhe schlafen kann.

Im nächsten Sommer entdeckt der Förster, der

ein Freund von Opa ist, in einem alten Baum ein Nest mit drei Waschbärenjungen. Da weiß Jakob, dass dem Waschbären der Umzug nichts ausgemacht hat.

Cordula Tollmien

Besuch für Lord Arthur

In England gibt es viele alte Schlösser. Deshalb gibt es auch viele Gespenster. Aber mit denen können die Engländer ganz gut umgehen.

Über Gespenster in Schlössern, die nicht mehr bewohnt sind, regt sich sowieso kein Mensch mehr auf. Und in denen, die noch einen Hausherrn haben, hat man sich damit abgefunden. Um Mitternacht muss man eben ein Auge zudrücken. Besser noch alle beide.

Im mittleren Westen von England gibt es ein besonders schönes Schloss. Es gehört dem alten Lord Arthur. Ein Lord – das ist ein vornehmer Mann von Adel mit einer langen Ahnenreihe.

Lord Arthur lebt ganz allein auf seinem Schloss. In manchen Zimmern regnet es durch die Decke.

Die Räume, in denen er wohnt, hat er gemütlich herrichten lassen. Er hat Heizung, warmes Wasser und Strom. Und Fernsehen hat er auch.

Jeden Abend sitzt Lord Arthur vor dem Fernseh-apparat. Er knuspert Erdnüsse und Kartoffelchips. Und dazu trinkt er ein großes Glas braunes Bier. Am liebsten sieht er sich spannende Filme an. Aber gut müssen sie ausgehen. Sonst kann er nachher nicht einschlafen.

Lord Arthur achtet darauf, dass der Fernseher um Mitternacht aus ist. Um Mitternacht will er näm-lich im Bett liegen und beide Augen zudrücken. Er hat keine Lust einem Gespenst zu begegnen. Und tatsächlich hat er noch nie eins gesehen.

Das heißt, bis gestern war das so. Heute soll sich das ändern. Heute Nacht kommt nämlich ein span-nender Gruselfilm im Fernsehen. Den möchte Lord Arthur unbedingt angucken. Der Film heißt „Das Geripppe im Kleiderschrank" und fängt erst eine Viertelstunde vor Mitternacht an. Das bedeutet natürlich, dass er erst lange nach Mitternacht zu Ende ist.

Lord Arthur stellt reichlich Erdnüsse, Kartoffel-chips und braunes Bier zurecht. Braunes Bier ist

gut gegen die Angst. Denn ein bisschen Angst hat
er schon. Er denkt: „Vielleicht ist der Film ja gar
nicht so spannend. Dann komme ich immer noch
vor Mitternacht ins Bett."

Aber dann ist der Film doch sehr spannend.

Er handelt von einer Frau und einem Kleiderschrank. Morgens ist der Kleiderschrank ganz nor-
mal. Aber nachts, wenn die Frau ihre Sachen hin-
einhängen will, fällt jedesmal ein Geripppe heraus.
„Huh", macht die Frau ganz erschrocken. „Huh",
macht Lord Arthur.

Es gibt ein richtiges Echo. „Huh", tönt es dumpf die Gänge entlang. „Huhuhuuuh!" Langgezogen und schaurig.

Lord Arthur blickt auf die Uhr. Es ist drei Minuten nach Mitternacht.

Da öffnet sich leise die Tür und herein schwebt eine merkwürdige Gesellschaft – Männlein und Weiblein, alle in langen weißen Gewändern. Sie jammern und klagen: „Huhuhuuuh!"

Lord Arthur greift zitternd nach seinem Glas. Er trinkt einen großen Schluck braunes Bier. Aber das hilft nichts. Die Gespensterschar nimmt kein Ende.

„Wer seid ihr?", fragt Lord Arthur. „Wir sind dei-

ne Ahnen", antwortet das erste Gespenst. „Wir kommen aus unseren Gräbern. In einer Stunde müssen wir wieder zurück. Aber bis ein Uhr haben wir Zeit."

„Was wollt ihr hier?", fragt Lord Arthur. „Wir wollen fernsehen", antwortet das zweite Gespenst. „Im ersten Programm soll es heute einen spannenden Gruselfilm geben. Das ist etwas für uns."

„Oh, er läuft schon!", ruft das dritte Gespenst. Es zeigt mit einem dürren, bleichen Finger auf den Bildschirm. „Hoffentlich verstehen wir ihn noch!"

„Huhuhuuuh!", jammern sie alle.

Im Fernsehen hat die Frau gerade in der Kommodenschublade ein weiteres Gerippe entdeckt.

„Huuuh", machen sie alle – die Frau, Lord Arthur und die Gespenster.

Es ist sehr gemütlich. Die Zeit vergeht wie im Flug. Der Gruselfilm ist bis zum Schluss außerordentlich spannend. Die beiden Gerippe sperren die Frau in den Kleiderschrank und legen sich ins Bett.

Die Uhr schlägt eins. Die Gespenster sagen: „Das geht ja gut aus!" Aber nun müssen sie sich beeilen, dass sie wieder in ihre Gräber kommen.

„Es war sehr nett bei dir", sagen sie und schütteln Lord Arthur mit ihren klapprigen Fingern die Hand.

„Mir hat es auch gefallen", beteuert Lord Arthur. „Zu mehreren ist Gruseln viel schöner."

Er winkt ihnen nach. „Also dann bis zum nächsten Mal! Ich schreibe morgen ans Fernsehen. Sie sollen die guten Gruselfilme immer um Mitternacht bringen."

Ingrid Uebe

Die versunkene Stadt

Ich habe die versunkene Stadt gesehen. Und das kam so:

An einem schönen Sommerabend saß ich auf der Hafenmauer, baumelte mit den Beinen und starrte ins Wasser. Da glätteten sich plötzlich die Wellen und ich konnte bis auf den Meeresgrund hinabsehen. Große Paläste standen da und prächtige Kirchen. Seltsam bekleidete Menschen eilten geschäftig durch die Straßen. Glocken klangen

aus der Tiefe. Ich sah einen blonden Jungen, der Blumen verkaufte. Er rief: „Vinetarosen! Vinetarosen!" Die versunkene Stadt hatte „Vineta" geheißen.

Der Junge sah sehr blass aus. Er hob den Kopf, streckte den Arm aus dem Wasser und hielt mir eine dunkelrote Rose entgegen. Doch ich nahm sie nicht.

„Wer sagt mir, dass du mich nicht ins Wasser ziehst?", fragte ich den Jungen. Sein Lächeln war traurig, als er sagte: „Ich verspreche dir dich nicht ins Wasser zu ziehen. Dazu habe ich gar keine Kraft, denn ich bin schon lange tot."

Ich erkundigte mich nach seinem Namen.

„Knut", erwiderte er. „Knut Daddeldu." Er hielt mir noch immer die Rose entgegen. Was sollte ich tun? Konnte ich ihm trauen? Schließlich beugte ich mich doch hinab und nahm sie ihm aus der Hand. Die Rose war wunderschön, doch sie duftete nicht.

„Sie soll dir immer Glück bringen", sagte Knut Daddeldu. „Aber jetzt muss ich mich beeilen, denn

meine Freunde und ich wollen Sonnenuntergang spielen."

„Sonnenuntergang?", staunte ich. „Habt ihr denn auf dem Meeresgrund eine Sonne?"

„Das nicht", antwortete Knut Daddeldu, „aber ich spiele die Sonne. Und darum muss ich jetzt untergehen."

Er versank langsam ohne mich aus den Augen zu lassen. Gleich darauf war die Stadt spurlos verschwunden. Nur die Rose in meiner Hand zeugte davon, dass ich nicht geträumt hatte. Eine Rose ohne Duft.
Doris Jannausch

Der Geist des Elefanten

Bitte nicht
füttern

Eigentlich hatte sich Mirjam auf den Zoo gefreut.
Doch dann traf sie dort den Elefanten.

Er stand ganz allein vor seinem Elefantenhaus,
trat von einem Fuß auf den anderen und sah
genauso grau aus wie der Betonfußboden seines
Geheges. Kein Strauch war da, kein Baum. Lust-

los nahm der Elefant ein Bündel Heu vom Boden auf. Er schwenkte es ein paarmal hin und her und ließ es wieder fallen. Dann entdeckte der Elefant Mirjam, die ganz vorn an der Brüstung stand. Er streckte seinen Rüssel über den Betongraben und berührte sie leicht. Mirjam fühlte es kaum, so sanft war das. Dabei sah der Elefant sie so traurig an, dass auch ihr ganz schwer ums Herz wurde. Seitdem muss Mirjam immer an den Elefanten denken. Sie träumt sogar von ihm.

Und eines Tages auf dem Schulweg geht er vor ihr: ein riesiger weißer Elefant. Er schaukelt hin und her und dreht leicht den Kopf nach hinten, so, als sähe er sich nach ihr um.

Mirjam läuft nach vorn. Und tatsächlich: Es ist der Elefant aus dem Zoo, nur dass der nicht weiß war.

Der Elefant neigt seinen Kopf, fasst Mirjam sanft mit seinem Rüssel um die Taille und setzt sie sich auf seinen Rücken.

Dort oben ist es wunderbar. Sie sitzt weich und sicher und so hoch wie noch nie in ihrem Leben.

Dann fängt der weiße Elefant zu sprechen an: „Ich bin der Geist des Elefanten, des Elefanten im Zoo und aller anderen Elefanten, die eingesperrt sind. Auch der Elefanten im Zirkus. Weißt du eigentlich, wie eng so ein Zirkuswagen ist?"

Mirjam schüttelt den Kopf. Sie hat noch nie darüber nachgedacht.

„Man kann sich darin überhaupt nicht umdrehen", sagt der Elefant. „Und dann die Vorstellungen

jeden Tag. Die Menschen klatschen, weil wir einen Ball hochwerfen oder einen Kinderwagen schieben. Wir stellen uns auf die Hinterbeine und machen sogar einen Kopfstand. Und die Menschen lachen und glauben, uns macht das Spaß, nur weil wir uns nicht wehren."

Mirjam hat im Zirkus auch über die Elefanten gelacht. Jetzt schämt sie sich. „Weißt du", fragt der weiße Elefant sie jetzt, „dass es auch in unserer

Heimat, in Afrika und Asien, keinen Platz mehr für uns gibt?"

Mirjam weiß nichts davon.

„Fast überall, wo wir früher gelebt haben, hat uns der Mensch vertrieben. Fast überall, wo früher Elefantenland war, sind jetzt Städte, Häuser, Straßen, Eisenbahnschienen oder auch Felder, die den Menschen gehören. Dafür wurden wir in viel zu kleine Parks gesperrt und müssen dort zwischen Autos herumspazieren und uns von den Menschen anglotzen lassen."

Einen Moment schweigt der Elefant. Dann stupst er Mirjam hoch oben auf seinem Rücken leicht mit dem Rüssel an und spricht weiter: „Glaube mir, ich war in diesen Parks und ich habe dort mehr tote Elefanten getroffen als lebende. Viele sterben vor Hunger, weil es dort nur noch verdorrtes Gras und Abfälle gibt. Die Menschen haben die Bäume gefällt, deren Früchte wir gegessen haben, und das Wasser vergiftet, das wir getrunken haben. Viele von uns werden aber auch von Gewehrkugeln getötet, von Giftpfeilen durchbohrt oder in Fallgruben gelockt. Der Mensch ist stolz darauf etwas zu töten, was so viel größer ist als er. Wenn wir tot sind, bricht er uns unsere Stoßzähne heraus. Daraus schnitzt er dann kleine Elefanten."

Mirjam schüttelt sich. Sie friert.

Der weiße Elefant bläst Mirjam sanft ins Gesicht, so dass ihr wieder warm wird.

„Wir Elefanten haben die Menschen immer geachtet", fährt er fort, „doch die Menschen achten uns nicht. Sie denken, sie könnten auch ohne uns leben. Aber glaub mir, in einer Welt ohne Tiere würde auch der Mensch sterben. Glaub mir, er würde vor Einsamkeit sterben."

Der weiße Elefant wiegt bedächtig seinen großen Kopf hin und her und Mirjam nickt mit ihrem kleinen Kopf. Sie glaubt ihm. Sie will keine Welt ohne Tiere. Vor allem aber will sie keine Welt ohne Elefanten.

„Ja", sagt der weiße Elefant, „die Kinder lieben uns und sie verstehen uns. Und wir Elefanten ver-

stehen die Kinder. Deshalb erscheine ich auch nur ihnen. Nur sie dürfen auf mir reiten und nur ihnen erzähle ich unsere traurige Geschichte – die Geschichte vom Sterben der Elefanten. So, wie ich sie dir erzählt habe."

Dann kniet er nieder, umfasst Mirjam mit seinem langen Rüssel und setzt sie ganz vorsichtig auf den Boden. Dabei bläst er ihr noch einmal seinen

Atem ins Gesicht und sagt zum Abschied: „Du weißt es wahrscheinlich nicht, aber wer einmal einen weißen Elefanten gesehen hat, wird nie mehr schlecht träumen. Alle deine Träume werden ab jetzt so sanft und weich sein, wie es der Ritt auf meinem Rücken war. Das ist unser Geschenk, das Geschenk der Elefanten an die Kinder."

Cordula Tollmien

Der Teufel im Topf

Manchmal spukt es nachts in der großen Spielkiste. Katja weiß das genau. Vor dem Einschlafen hört sie gelegentlich seltsame Geräusche. Und am nächsten Morgen liegen die Spielsachen ganz anders, als sie sie am Abend hingelegt hat. Das Holzauto hat über Nacht ein Rad verloren. Der Hase trägt seine Ohren auf einmal über Kreuz. Die Puppe macht ein so merkwürdiges Gesicht.

Katja ist ganz sicher: Wenn einer nachts durch die Spielkiste spukt, dann ist das bestimmt der Teufel. Der Teufel aus dem Kasperltheater.

Den kann sie sowieso nicht leiden. Er hat ein rotes Gewand und ein rotes Gesicht, schwarze Zottelhaare und schwarze Hörner. Er grinst ganz boshaft. Wer weiß, was er nachts macht?

Katja findet, der Teufel gehört eingesperrt. Deshalb nimmt sie ihn bei den Hörnern und trägt ihn in die Küche. Im Schrank stehen Mamas Töpfe. In dem hohen Topf kocht sie Suppe, in dem niedrigen brät sie Fleisch.

Katja zieht den Suppentopf aus dem Schrank.
So, Teufel rein und Deckel drauf! Nun kann nichts
mehr passieren.

Beim Abendbrot muss sie lachen, als sie an den
Teufel im Suppentopf denkt. Aber sie sagt nicht,
warum.

Als Katja im Bett liegt und Mama das Licht ausgemacht hat, bleibt es im Zimmer ganz still. In
der Spielkiste rappelt und rührt sich diesmal rein
gar nichts.

Katja schläft ein.

Aber in der Nacht wird sie wach. In der Spielkiste ist der Teufel los. Es hört sich so an, als ob jemand darin herumwühlt. So, als ob er das Unterste nach oben kehrt. Es knistert und scheppert, es wummert und dröhnt. Irgendjemand kichert und irgendjemand jammert.

Dann fliegt etwas durch die Dunkelheit und landet auf Katjas Kopfkissen. Das kann nur ein Bauklotz gewesen sein. Und da kommt gleich noch einer.

Katja verkriecht sich unter der Decke. Erst am hellen Morgen kriecht sie wieder hervor. Sie läuft zur Spielkiste. Es sieht tatsächlich wüst darin aus.

Die Bauklötze sind aus ihrem Kasten gefallen. Die Murmeln sind aus ihrem Säckchen gerollt. Der Hase steckt mit dem Kopf nach unten in den Puppenkleidern. Dem Teddybär hat jemand ein blaues Auge geboxt. Der Kasper hat seine Zipfelmütze verloren.

Und der Teufel? Der Teufel ist natürlich nicht da.

Der steckt ja im Suppentopf.

Katja läuft in die Küche. Da hat Mama den Küchentisch gedeckt. Aber Katja will noch nicht frühstücken. Sie will zuerst in den Suppentopf gucken.

Aber der Teufel ist nicht drin. „Was machst du da?", fragt Mama.

„Willst du so früh schon Suppe essen?"

Nein, das will Katja gewiss nicht. Sie schiebt den Topf in den Schrank zurück und setzt sich an den Tisch. Aber das Honigbrötchen schmeckt ihr heute nicht.

Nach dem Waschen und Anziehen geht sie ins Kinderzimmer und räumt ihre Spielkiste auf. Sie tröstet den Teddybär und setzt dem Kasper seine Zipfelmütze auf.

Als sie fast fertig ist mit Aufräumen, kommt Mama herein. Sie hält eine Hand auf dem Rücken. Sie fragt: „Was meinst du, wen ich in meinem Braten-topf gefunden habe?"

Sie holt ihre Hand hinter dem Rücken hervor. Dar-in hält sie den Teufel. Den Teufel mit seinem roten Gewand. Den Teufel mit seinen schwarzen Zot-telhaaren und den schwarzen Hörnern. Den Teu-fel, der so boshaft grinst.

„Im Bratentopf?", wundert sich Katja. „Nicht im Suppentopf?"

„Nein, im Bratentopf", antwortet Mama. „Ich woll-te eben das Gulasch hineintun. Aber ob Braten-

topf oder Suppentopf, das ist doch egal. Ich will
ja den Teufel weder braten noch kochen."

   Katja nimmt den Teufel aus Mamas Hand und
sieht ihn nachdenklich an.

„Du brauchst ihn doch zum Theaterspielen", sagt Mama noch. Dann geht sie wieder hinaus in die Küche.

Mama hat Recht. Der Teufel gehört dazu. Er und der Kasper, die Prinzessin und der König, der Polizist und der Räuber gehören zusammen. Nur spuken soll der Teufel nicht mehr. Auf gar keinen Fall!

Katja hat keine Ahnung, wie er aus dem Suppentopf heraus- und in den Bratentopf hineingekommen ist. Sie wirft den Teufel zu den anderen Puppen in die Spielkiste. Da mag er tagsüber bleiben. Aber für heute Abend muss sie sich etwas anderes ausdenken. Etwas, aus dem der Teufel bestimmt nicht herauskann.

Ingrid Uebe

Die Katzenschule

Karin merkte gleich, dass etwas nicht stimmte. Die Straßen waren menschenleer. Kein Auto, kein Fahrrad, nichts. Die Geschäfte hatten geschlossen. Man sah überall nur Katzen, die durch die Straßen und Parks spazierten oder aus den Fenstern schauten:

Große, kleine, dicke, dünne, weiße, schwarze, gefleckte – überall nur Katzen, Katzen, Katzen! Auch in der Schule wimmelte es von Katzen. Sie saßen in den Bänken und starrten Karin neugierig an. Ein grauer Kater mit einer gewaltigen Hornbrille auf der Nase saß am Lehrertisch und knurrte:

„Du kommst zu spät, Karin. Und das ausgerechnet heute, wo wir den Herrn Schulrat erwarten."

Die Tür öffnete sich. Herein kam ein schwarzer Panter.

Der Kater mit der Brille lief ihm entgegen und begrüßte ihn ehrfürchtig: „Guten Morgen, Herr Schulrat. Ich bin Herr Büchner. Und das ist meine Klasse."

Die Katzenkinder miauten höflich. Der schwarze Panter betrachtete alle der Reihe nach, dann blieb sein Raubtierblick an Karin haften.

„Hier befindet sich ein Menschenkind", brummte der Schulratpanter. „Das muss ich unverzüglich auffressen!"

Er fletschte die Zähne, schlich sich an Karin heran und angelte mit der Pranke nach ihr. Sie schrie und wich zurück. Umsonst! Sie spürte, wie sie durch den Schlund des Panters rutschte, immer tiefer, bis in seinen Magen. Sie bekam keine Luft mehr ...

„Karin!", rief jemand. Es klang wie die Stimme ihrer Mutter.

Karin schlug die Augen auf und staunte: „Hat dich der Panter auch gefressen?"

„Mich hat keiner gefressen", antwortete die Mutter lächelnd. „Und dich auch nicht. Du liegst in deinem Bett und hast Fieber. Der Arzt wird gleich hier sein." An diesem Tag durfte Karin zu Hause bleiben. Sie freute sich sehr darüber, denn heute sollte der Schulrat in die Klasse kommen.

„Ist denn der Schulrat so schlimm?", fragte die Mutter.

„Ich kenne ihn gar nicht", erwiderte Karin. „Aber wenn er von Herrn Büchner erfährt, wie schwach ich im Rechnen bin ..."

Die Mutter lachte und meinte: „Deshalb wird er dich nicht gleich auffressen!"

Karin aber dachte: „Na, das kann man nie wissen!"

Doris Jannausch

Kleines Gespenst unterwegs

Ein kleines Gespenst lebte mit seinen Eltern in einem alten Schloss mitten im Wald. Es war erst fünf Jahre alt. Aber dafür konnte es schon ziemlich gut spuken. Jede Nacht war es mit Eifer und Spaß bei der Sache. Leider verirrte sich nur selten ein Mensch in der Gegend.

Das kleine Gespenst fand Menschen im Grunde sehr nett.

„Eigentlich ist es dumm, dass wir ihnen Angst machen und sie vertreiben", sagte es zu seinen Eltern. „Eigentlich möchte ich sie gern näher kennen lernen."

„Das geht nicht", antwortete der Vater. „Spuken ist nun mal unser Beruf."

Und die Mutter fügte hinzu: „Wenn du ein großes, vernünftiges Gespenst werden willst, darfst du dich

mit keinem Menschen einlassen. Hast du gehört?"
Das kleine Gespenst widersprach nicht, aber es
machte sich so seine Gedanken.

Vom frühen Morgen bis zum späten Abend wälzte es sich unruhig in seinem Bett herum. Nachts
war es dann müde.

Seine Eltern schimpften mit ihm, weil es nicht
ordentlich spukte.

Eines Morgens aber stand das kleine Gespenst
heimlich auf und machte sich auf den Weg zu den
Menschen. Es ging den Berg hinab durch den
Wald. Dann kam es an einen Bauernhof.

Draußen im Garten spielten zwei Kinder. Sie
hießen Felix und Anna. „Guten Morgen", sagte das
kleine Gespenst. „Lasst ihr mich mitspielen?" Die
Kinder verstanden nicht, was es sagte. Bei Tag
können Menschen nämlich die Stimmen von
Gespenstern nicht hören.

Felix und Anna hielten das kleine Gespenst für
ein Hemd. Sie wunderten sich nur, dass es stehen
konnte.

„Ich tue euch nichts", sagte das kleine Gespenst. „Ich finde Menschen nett."

Es schwebte ein Stück näher. Da liefen die Kinder ins Haus.

„Mama, Mama!", rief Felix. „Draußen im Garten steht ein weißes Hemd."

„Es benimmt sich sehr komisch", fügte Anna hinzu.

„Hemden stehen nicht", antwortete die Mutter. „Sie benehmen sich auch nicht komisch. Das ist doch wohl klar."

„Komm mit nach draußen!", sagte Felix. „Dann wirst du schon sehen."

Die Mutter ging mit in den Garten.

„Das ist wirklich ein sehr merkwürdiges Hemd", sagte sie. „Es kommt mir so unbekannt vor. Aber es wird ja wohl aus meinem Wäschekorb stammen."

Sie nahm das kleine Gespenst über den Arm und trug es zur Wäscheleine. Sie hängte es mit den anderen Hemden auf.

Als sie es sorgfältig an der Leine festklammerte, bemerkte sie, dass es sich schon ziemlich trocken anfühlte.

Das kleine Gespenst zappelte und flatterte. Es schrie laut um Hilfe. Aber leider hörte es niemand.

Am Abend kam die Mutter von Felix und Anna in den Garten. Sie nahm die Wäsche ab und legte sie in den Korb. Eigentlich wollte sie die Hemden noch

bügeln. Aber weil sie das Abendbrot machen musste, verschob sie es auf den nächsten Tag.

Das kleine Gespenst wartete, bis alle im Bett waren. Dann kroch es aus dem Wäschekorb und spukte durchs Haus. Aber es spukte ganz leise. Niemand sollte wach werden. Niemand sollte es festhalten. Es wollte unbedingt nach Hause.

Das Küchenfenster stand einen Spaltbreit offen. Das Gespenst machte sich ganz dünn und schlüpfte hindurch.

Kurz nach Mitternacht kam es im Schloss an. Seine Eltern standen oben im Turm und hielten nach ihm Ausschau. Zum Glück schimpften sie nicht. Sie waren froh, dass sie ihr Kind wiederhatten.

„Menschen sind doof", sagte das kleine Gespenst. „Sie haben mich für ein Hemd gehalten. Sie haben mich an die Wäscheleine gehängt."

„Da hast du noch Glück gehabt", sagte der Vater. „Denn sie hätten dich auch zusammenfalten und in den Schrank legen können. Dort wärst du dann eingesperrt gewesen."

Das kleine Gespenst erschrak noch nachträglich zu Tode. Es versprach niemals wieder bei Tag zu den Menschen zu fliegen. Es wollte in Zukunft alles tun um sie bei Nacht zu erschrecken. Es wollte so bald wie möglich ein großes, vernünftiges Gespenst werden.

Ingrid Uebe

Als ich in einer Nuss eingesperrt war

Einmal, es war zu Weihnachten, habe ich Nüsse gegessen. Ich war so alt wie ihr und ganz allein zu Hause. Als ich eine besonders schöne Nuss mit dem Nussknacker öffnete – krack! –, fiel ein lila Kern heraus. Na, so was! Sonst haben Nüsse immer braune Kerne, aber dieser hier? Ich steckte ihn in den Mund. Mmmmmm, der schmeckte vielleicht gut! Wie Marzipan, Sahnebonbons und Schokolade – alles zugleich. Ich verschlang ihn mit großem Appetit. Doch was war das? Auf einmal wurde

ich kleiner und kleiner, der Nussknacker sah nun aus wie eine Riesenzange und meine Tasse auf dem Tisch war groß wie ein Haus. Ich rief um Hilfe, aber keiner konnte mich mehr hören, auch wenn jemand im Haus gewesen wäre. Ich piepste nämlich wie eine Maus. Oder noch leiser. In meiner Verzweiflung setzte ich mich in die Nussschale – und plötzlich war es stockfinster um mich.

Jemand hatte die andere Hälfte der Schale darauf geklappt und festgeklebt. Oder war sie von allein zugegangen?

Wer noch nie in einer Nuss eingesperrt war, kann sich das gar nicht vorstellen. Nun wurde auch noch die Luft knapp. Lange konnte ich das nicht mehr aushalten, sonst müsste ich kläglich ersticken.

Endlich hörte ich Stimmen. „Eine einzige Nuss hat sie mir übrig gelassen!", sagte meine Schwester Irene. Die Nuss, in der ich saß, wurde hochgehoben und kräftig geschüttelt. Ich wirbelte in der Schale herum wie Wäsche in der Waschmaschine, wenn die Schleuder angestellt ist. Das war ekelhaft. Mir wurde schwindelig. Dann fiel die Nuss herunter, zerbrach – und ich kollerte heraus. Ohne hinzusehen griff Irene nach mir und wollte mich in den Mund stecken. Sie hielt mich für den Nusskern. Ich zappelte und schrie. Endlich merkte sie es.

„Aber das ist doch ..." Sie starrte mich verblüfft an. „Wie kommst du denn in die Nuss?"

Das hätte ich auch gern gewusst. Mein Bruder Paul, der Chemiker ist, kam mit einer lila Flüssig-

keit und sagte: „Das ist ein Super-Antiklein-heitsmittel. Ich habe es gestern erst erfunden."

Dann besprengte er mich damit. Da wurde ich wieder groß. Na, war ich aber froh! Es ist nämlich sehr unheimlich in einer Nuss eingesperrt zu sein.

Doris Jannausch

Ein Geist, der Hunger hat

Es passiert zum ersten Mal an einem Dienstag: Als die Mutter am Morgen an den Kühlschrank geht, ist er leer. Ratzekahl leer. Sogar die Milch ist ausgetrunken. Nur das Senfglas steht einsam und verlassen ganz hinten in der Ecke und ein Zwanzig-Mark-Schein liegt daneben. Die Mutter starrt fassungslos in den offenen Kühlschrank. Gestern hat sie eingekauft und nun ist alles weg. „Sarah, Michael, seht euch das an", ruft sie.

„Was?" Sarah und Michael haben keine Ahnung, wovon die Mutter spricht. „Irgendjemand hat heute Nacht unseren Kühlschrank ausgeräumt. Habt ihr damit was zu tun?"

„Nein, nichts", antworten Michael und Sarah wie aus einem Munde.

„Ich auch nicht!" Das ist der Vater. Er ist noch ganz verschlafen. Der Krach hat ihn geweckt.

„Aber irgendwer muss es doch gewesen sein."

Die Mutter ist nicht überzeugt. „Schließlich kann sich das ganze Zeug ja nicht einfach in Luft aufgelöst haben." Dabei sieht sie Sarah und Michael ein wenig misstrauisch an. Sie glaubt immer noch, dass die beiden etwas mit der Sache zu tun haben.

Am nächsten Tag wieder dasselbe: Die Mutter hat eingekauft und alles in den Kühlschrank gestellt. Doch am Morgen ist er leer und stattdessen liegt ein Geldschein da. Diesmal schimpft die Mutter nicht einmal mehr. Sie ist sprachlos. „Ich habe einen Plan", flüstert Sarah Michael zu und legt den Finger auf den Mund.

Auf dem Schulweg erzählt sie Michael, was sie sich ausgedacht hat. Heute Nacht werden sie sich in der Küche auf die Lauer legen. Sie werden schon herausfinden, wer ihren Kühlschrank leer räumt. Michael ist Feuer und Flamme.

Nachdem die Eltern schlafen gegangen sind, schleichen sich die beiden in die Küche. Sie nehmen ihr Bettzeug mit und kuscheln sich auf der Küchenbank aneinander. Von dort haben sie den

Kühlschrank gut im Blick. Sie starren in die Dunkelheit. Ein bisschen Angst haben sie schon. Doch es ist nichts zu sehen und auch nichts zu hören. Nur der Kühlschrank brummt. Es dauert keine halbe Stunde, dann sind Sarah und Michael eingeschlafen.

Als sie am nächsten Morgen aufwachen, haben sie beide einen Senfklecks auf der Nase und der Kühlschrank ist wieder leer. Und wieder liegt ein Geldschein da.

Es hilft nichts, Sarah und Michael müssen in der nächsten Nacht noch einmal Wache halten. Doch obwohl sie es sich fest vorgenommen haben wach zu bleiben, schlafen sie auch diesmal wieder ein.

Mitten in der Nacht werden sie von einem Geräusch wach. Sie halten den Atem an und starren zum Kühlschrank. Nichts. Dann quietscht plötzlich leise die Tür hinter ihnen. Sarah und Michael fahren herum, aber sie sehen nur noch den Zipfel von einem weißen Gewand durch die Tür verschwinden. Einen Moment sind sie starr vor Schreck.

Michael schreit als Erster los: „Hilfe, ein Geist!" Auch Sarah schreit laut.

Davon wird der Vater wach und stürzt erschrocken in die Küche. Als die beiden ihm erzählen, dass sie einen Geist gesehen haben, läuft er nach draußen. Doch dort ist nichts zu sehen. Inzwischen ist auch der Vater richtig sauer. „Ob Geist oder nicht", schimpft er, „ich habe jedenfalls keine Lust mehr jeden Tag hungrig zur Arbeit zu gehen. Das nächste Mal halte ich selbst Wache."

Eigentlich sollten Sarah und Michael ins Bett gehen. Aber dann dürfen sie doch dabei sein, weil sie es schließlich waren, die den Geist zum ersten Mal gesehen haben – wenn auch nur ein ganz kleines Zipfelchen davon. Auch die Mutter setzt sich mit in die Küche.

Diesmal bleiben wirklich alle wach und siehe da: Kurz vor Mitternacht geht ganz leise die Tür auf. Ein weißer Schatten schleicht vorsichtig in die Küche und tappt an der Wand entlang.

Der Vater macht Licht. Und da steht Herr Wohlgemuth, ihr Nachbar, und blinzelt verlegen in die Runde. Er trägt einen weißen Kittel. Den hat er immer an, weil er eine Bratwurstbude hat.

„Na, so was!" Der Vater ist wirklich sehr erstaunt. „Was machen Sie denn hier?"

Schuldbewusst guckt Herr Wohlgemuth auf den Boden. „Ich habe Hunger", murmelt er.

„Wieso denn das?", fragt die Mutter. „Sie können doch Ihre Bratwürste essen." Auch Michael ist

ganz empört. Aber er ist auch ein wenig enttäuscht, weil es nur Herr Wohlgemuth ist und kein richtiger Geist. „Nein, eben nicht", protestiert Herr Wohlgemuth. „Ich verkaufe doch immer alle. Gerade jetzt vor Weihnachten. Jeden Tag nehme ich mir vor mir ein paar Würste aufzuheben. Aber jeden Abend habe ich alle verkauft. Die schmecken doch so gut und immer kommt noch jemand, der unbedingt noch eine haben will. Und ich bin doch so gutmütig."

Sarah und Michael nicken. Das stimmt: Herrn Wohlgemuths Würste schmecken gut. Und dass er gutmütig ist, stimmt auch. Er hat ihnen sogar schon einmal eine Wurst geschenkt.

„Ja, und zum Einkaufen komme ich auch nicht", klagt Herr Wohlgemuth. „Ich fange doch schon morgens ganz früh an und mache meine Bude sauber. Da sind die Geschäfte noch nicht auf. Und abends, wenn ich fertig bin, sind sie schon wieder zu. Dann sitze ich immer ganz allein zu Hause und habe solchen Hunger. Ich wollte das wirklich nicht. Aber dann haben Sie mir Ihren Schlüssel gegeben, damit ich mich um Ihre Wohnung kümmere. Weil Sie doch am Wochenende weg gewesen sind. Wahrscheinlich wollen Sie ihn jetzt lieber wiederhaben."

Herr Wohlgemuth zieht den Schlüssel aus der Kitteltasche und gibt ihn der Mutter. Dann starrt er wieder auf den Fußboden. Eigentlich kann er einem Leid tun. Ein Geist, der sich schämt, und außerdem hat er ja auch immer alles bezahlt.

„Ich schlage vor", sagt die Mutter schließlich, „dass wir jetzt ins Bett gehen. Und unserem Geist geben wir ein paar belegte Brote mit, damit er uns heute Nacht nicht verhungert. Und morgen laden wir Herrn Wohlgemuth zum Abendbrot ein. Was haltet ihr davon?"

„Au ja." Michael und Sarah springen auf und fassen Herrn Wohlgemuth an der Hand. „Kommen Sie? Ach bitte, Sie müssen kommen."

„Abendessen mit einem richtigen Geist, das ist

schon etwas Besonderes", lacht der Vater. „Wir würden uns deshalb freuen, wenn Sie kämen."

Herr Wohlgemuth ist ein wenig unsicher, das merkt man. Doch dann lacht auch er und sagt: „Aber gerne, ich komme gerne, und wenn Sie mal eine gute Bratwurst essen wollen ..."

„Dann kommen wir zu Ihnen", ergänzen Sarah und Michael. Eigentlich ist es doch viel besser, dass Herr Wohlgemuth ein Bratwurstverkäufer und kein Geist ist.

Cordula Tollmien

Der Geist aus der Muschel

Sarahs Großeltern hatten ein Haus am Meer. In den Ferien durfte Sarah sie besuchen. Es gefiel ihr dort sehr gut. Das Meer war gleich hinter dem Haus. Sarah durfte allein draußen im Sand spielen. Aber ins Wasser gehen durfte sie nur, wenn Opa dabei war. Sie konnte zwar schon schwimmen, aber noch nicht sehr gut.

Eines Nachts gab es ein schlimmes Gewitter. Es blitzte und donnerte. Es regnete und stürmte. Am Morgen war der Himmel wieder blau. Aber das Meer sah ganz anders aus als sonst. Es machte gewaltige Wellen. Die trieben schäumend ans Ufer.

Zu Sarahs Freude brachten sie viele verschiedene Muscheln mit: schneeweiße, tintenschwarze und honiggelbe, schön gestreifte und seltsam

geformte. Sarah sammelte sie in ihren Eimer und trug sie ins Haus.

Oma rührte gerade einen Kuchenteig. Aber auf dem Küchentisch war noch viel Platz.

Sarah durfte ihre Muscheln dort hinlegen und ordnen.

Eine Muschel war dabei, die passte nicht zu den andern. Sie war so groß wie ein Ei und sah aus wie ein stacheliges Schneckenhaus. Von außen war sie weiß und ein bisschen lila, von innen war sie hellgrün. Man konnte nicht sehen, ob noch etwas darin war.

„So eine habe ich noch nie gesehen", sagte Oma.

„Sie riecht so merkwürdig", sagte Opa. „Vielleicht solltest du sie lieber fortwerfen."

Sarah schüttelte den Kopf. „Sie ist schön und sie riecht so gut wie das Meer." Sarah spielte den ganzen Tag mit den Muscheln. Nach dem Abendbrot tat sie alle wieder in ihren Eimer. Aber die große Muschel nahm sie heimlich mit ins Bett.

Oma und Opa merkten es nicht. Als das Licht aus war, hielt Sarah die Muschel ans Ohr. Es rauschte darin wie das Meer. Über diesem Rauschen schlief sie ein.

Sie erwachte von einer leisen, süßen Stimme. Die sang ihr ins Ohr:

„Wach auf, wach auf, du Menschenkind!
Ich zeig' dir, wo die Muscheln sind,
viel Muscheln fein und schön und bunt
tief unten auf dem Meeresgrund."

Sarah schlug die Augen auf. Es war dunkel im Zimmer. Trotzdem sah sie neben ihrem Kopfkissen eine beinahe durchsichtige Gestalt.

Sie schimmerte weiß und ein bisschen lila. Sie kam aus der Muschel. Mit ihrem langen hellgrünen Fischschwanz steckte sie noch darin.

Sie sang:

„Komm mit, komm mit du Menschenkind!
Ich zeig' dir, wo die Muscheln sind.
Wir tauchen tief ins große Meer
bis auf den Grund. Da komm' ich her."

Der seltsame Geruch der Muschel war jetzt so stark wie noch nie. Sarah fühlte sich ganz betäubt davon. Zwei kühle, feuchte Händchen berührten ihr Gesicht

und streichelten es. Sarah fand das sehr schön.
Aber gleichzeitig hatte sie ein bisschen Angst.

Die Händchen wanderten über ihre Schultern und
die Arme hinab. Das Lied ging weiter:

„Gib mir die Hand, du Menschenkind!
Ich zeig' dir, wo die Muscheln sind.
Wir tauchen tief ins Meer hinein.
Dort wirst du immer bei mir sein."

Sarah fühlte, wie die zwei kühlen, feuchten Händchen sie aus dem Bett zogen. Da schrie sie laut auf.

„Oma! Opa!", schrie sie. „Es ist etwas im Zimmer. Das will mich ins Meer ziehen!" Oma und Opa kamen herein und machten das Licht an. Sogleich war der Geist aus der Muschel verschwunden. Sarah schauderte. Da, wo er ihre Haut berührt hatte, fühlte sich diese kühl und feucht an.

„Du hast ja richtig Schüttelfrost, Kind", sagte Oma. „Sicher hast du dich gestern am Strand erkältet."

„Nein, das hat die Muschel gemacht", antwortete Sarah. „Ich fürchte mich vor ihr. Ich will sie nicht länger behalten." „Ich habe ja gleich gesagt, dass sie so merkwürdig riecht", nickte Opa. „Gib her! Ich werfe sie in den Mülleimer!"

„Nein, nicht in den Mülleimer!", rief Sarah. „Lieber ins Meer!"

„Na gut, morgen früh", versprach Opa. „Nein, sofort!", sagte Sarah. Sie sagte es so flehend, dass

Oma und Opa ihre Bitte nicht abschlagen konnten.
Sie schüttelten zwar die Köpfe, aber sie gingen
doch mit ans Meer. Es glänzte im Mondlicht. Sarah
warf die Muschel aufatmend hinein.

Ingrid Uebe

Aladin ruft Wunderlampe

Erwin ist Lastwagenfahrer. Er fährt schon ziemlich lange Lastwagen und er tut das gern. Meistens liefert er Lebensmittel. Heute fährt er für eine große Schokoladenfabrik und hat den ganzen Laster voller Schokolade. Er ist seit sieben Stunden unterwegs und inzwischen ein bisschen müde. Um nicht einzuschlafen, schaltet er sein Funkgerät ein. Doch er hat keine Lust mit seinen Lastwagenkollegen zu reden. Also hört er nur zu, was die anderen sagen. Das kann manchmal auch ganz lustig sein.

Erwin lacht gerade über einen Witz, den einer seiner Kumpel gemacht hat, da ertönt plötzlich eine Stimme aus dem Funkgerät: „Aladin ruft Wunderlampe."

Erwin glaubt zu träumen, aber da hört er die Stimme noch einmal: „Aladin ruft Wunderlampe."

„Was soll'n das ?", brummt Erwin vor sich hin.

Da kommt zum dritten Mal: „Aladin ruft Wunder-lampe."

Erwin hat die Stimme vorher noch nie gehört. Sie klingt geheimnisvoll und schmeichelnd. Wie eine Art Singsang. Deshalb wundert sich Erwin auch nicht mehr, sondern wartet nur darauf, dass er die Stimme noch einmal hört.

Und tatsächlich. Da ist sie wieder. „Aladin ruft Wunderlampe", lockt es aus dem Funkgerät.

Und noch einmal: „Aladin ruft Wunderlampe."

Da nimmt Erwin das Mikro und meldet sich. „Hier Wunderlampe", sagt er.

„Endlich", sagt die Stimme, „das wurde aber auch Zeit."

Und dann gibt die Stimme Erwin Anweisungen: Er soll von der Autobahn abfahren und links abbiegen, den Berg hinunter, der hat verdammt viele Kurven; dann wieder links über die Brücke, danach noch einmal links und dann rechts ranfahren und anhalten.

Erwin fährt ohne nachzudenken, wie es ihm die schöne, geheimnisvolle Stimme sagt. Nun steht er vor einem großen roten Backsteingebäude.

Und die Stimme sagt: „Danke. Aladin dankt Wunderlampe – over." Dann ist es still. Und Erwin legt den Kopf aufs Steuerrad und schläft ein.

Am nächsten Morgen wacht er mit dem ersten Sonnenstrahl auf und sieht sich erschreckt um.

Erwin hat keine Ahnung, wo er sich befindet. Zum Glück ist wenigstens eine alte Frau auf der Straße. Von ihr lässt er sich den Weg zurück zur Autobahn zeigen. Er muss doch die Schokolade abliefern.

Er kommt sogar noch einigermaßen pünktlich zu dem großen Lebensmittelmarkt, für den die Ladung bestimmt ist. Doch als Erwin nach hinten zu seinem Laster geht und die Hecktür aufmacht, da bekommt er einen Riesenschreck: Der Laster ist leer. Völlig leer. Noch nicht einmal eine einzige Tafel Schokolade ist zu sehen.

Währenddessen verteilen in einer kleinen Stadt mit einem großen roten Backsteingebäude zwei

B-OH·431

Jungen, die Andreas und Torsten heißen, Unmengen von Schokolade an ihre Mitschüler. Natürlich macht das die Lehrer misstrauisch. Andreas und Torsten werden zum Direktor bestellt. Der will wissen, wo sie die Schokolade herhaben. Den beiden bleibt nichts anderes übrig, sie müssen die Wahrheit sagen. Sie hätten sich die Schokolade, so erzählen sie dem erstaunten Direktor, heute Nacht gewünscht. Von einem Geist in einer Wunderlampe. Und der hätte ihnen den Wunsch erfüllt und die Schokolade in einer Ecke des Schulhofes gestapelt.

Natürlich glaubt ihnen der Direktor kein Wort. Auch die anderen Lehrer nicht. Und die Eltern, die der Direktor in die Schule bestellt hat, ebenfalls nicht. Aber da in ihrer Stadt nirgends ein Schokoladendiebstahl gemeldet ist, kann den beiden niemand beweisen, dass ihre Geschichte nicht stimmt. So geben sich der Direktor, die Lehrer und die Eltern zähneknirschend mit der Erklärung von Andreas und Torsten zufrieden.

Bei Erwin ist es genauso. Auch ihm kann niemand beweisen, dass seine Geschichte nicht stimmt. Natürlich glaubt auch ihm keiner.

Seine Kumpel lachen ihn aus. Und sein Chef rät ihm mal richtig auszuspannen, er sei ja wohl völlig überarbeitet. Aber weil Erwin immer ein zuverlässiger Lastwagenfahrer war und bei ihm früher noch nie etwas gefehlt hat, lässt sein Chef es damit gut sein. Und auch Erwins Kumpel wird es bald langweilig über Erwin zu lachen.

Nur Erwin selbst denkt noch oft an die schöne, geheimnisvolle Stimme, die eines Tages plötzlich aus seinem Funkgerät kam.

Cordula Tollmien

Mariele saß auf einem Stein

Onkel Rudi besaß einen Bauernhof in den Bergen.
Der war schon sechshundert Jahre alt.

Einmal, in den Ferien, durfte ich Onkel Rudi besuchen. Der Bauernhof war düster. Schwere dunkle
Holzbalken stützten die Decke. Es roch muffig wie
in einem ungelüfteten Museum.

An einem schwülen Sommerabend sagte Onkel Rudi: „Ich gehe noch ins Dorf um ein Glas Bier zu trinken. Schlaf recht gut!"

Dann war ich allein. Ich ging auf den Balkon. In der Ferne blitzte und donnerte es. Aber ich hatte keine Angst vor dem Gewitter. Es kam immer näher. Und plötzlich – ich wollte gerade in mein Zimmer gehen – sah ich ein Mädchen. Es saß auf einem Stein am Hang.

„Hallo!", rief ich dem Mädchen zu. „Es wird bald regnen. Komm doch herein."

Das Mädchen wandte den Kopf, ich sah es beim Aufleuchten der Blitze. Es hatte große Augen und ein schmales, blasses Gesicht. Und es antwortete nicht. „Warum gehst du nicht nach Hause?", fragte ich. „Bist du krank?"

Das Mädchen sah mich unverwandt an. Da fürchtete ich mich plötzlich. Ich lief in mein Zimmer und verschloss die Tür. Ganz fest.

Am anderen Morgen erzählte ich Onkel Rudi, was ich gesehen hatte.

„Das war Mariele", sagte er. „Vor fast sechshundert Jahren wohnte sie in diesem Bauernhof. Eines Nachts zog ein Gewitter auf. Mariele lief in den Garten um die Wäsche abzunehmen, die sie vergessen hatte. Als sie zu dem großen Stein kam, traf sie der Blitz, so erzählen die Leute. Manchmal, in Gewitternächten, taucht Mariele auf, sitzt bewegungslos auf dem Stein und sagt kein Wort." Ich blieb noch drei Wochen bei Onkel Rudi. Aber Mariele habe ich nie mehr gesehen.

Doris Jannausch

Der gute Geist des Krankenhauses

Am Tag ist es meist nicht so schlimm. Manchmal ist es sogar richtig lustig im Krankenhaus. Wenn Marcos Geschwister zu Besuch kommen, zum Beispiel, und sie so tun, als sei sein Rollstuhl ein Rennwagen. Oder wenn Annikas Mutter kommt und ihr etwas vorliest. Einmal haben Timo und Carmen sogar zusammen ein Bild gemalt und die Krankenschwester fand es so schön, dass sie es im Flur aufgehängt hat. Da waren die beiden richtig stolz.

Doch nachts ist alles anders. Da sind die Kinder allein. Die Familie ist gegangen und die Krankenschwester kommt nur noch im Notfall. Denn die Kinder sollen ungestört schlafen. Weil sie krank sind, brauchen sie besonders viel Schlaf.

Doch viele Kinder schlafen nicht. Sie liegen wach und haben Angst. Angst vor der Dunkelheit, vor der nächsten Untersuchung, vor den Spritzen, vor den Medikamenten, die so schlecht schmecken, vor der Operation und vor dem Alleinsein.

Marco liegt im Bett und starrt mit offenen Augen in die Dunkelheit und Annika im Nachbarzimmer auch. Timo hat die Augen zu, aber er schläft nicht. Bastian ist auch wach und Benjamin und Carmen weinen beide ein bisschen. Aber nur ganz leise um niemanden zu stören.

Da geht plötzlich lautlos die Tür auf und eine alte Frau schwebt ins Zimmer. „Nicht erschrecken", flüstert sie. „Ich bin der gute Geist des Krankenhauses, ich bin euer Krankenhausengel."

Sie sieht überhaupt nicht aus wie ein Engel. Sie hat den Kopf voller weißer Locken und ist so dick, dass kein Mensch glauben würde, dass sie überhaupt fliegen kann. Doch sie schwebt durch die Zimmer wie eine Wolke. Ganz leicht und sanft.

Das Schönste an ihr aber sind ihre Augen: Ihre Augenbrauen sind nicht weiß, sondern fast schwarz, und ihre Augen sind sogar noch schwärzer, tiefschwarz. Und wenn die Kinder in diese Augen sehen, dann fühlen sie sich, als würden sie auch schweben.

Der Krankenhausengel schwebt nacheinander zu Marco, Annika, Timo, Carmen, Bastian und Benjamin. Ganz vorsichtig setzt sich die alte Frau auf die Bettkante ohne anzustoßen und ohne zu ruckeln. So tut sie den kranken Kindern nicht weh. Sie sieht die Kinder freundlich an, nimmt ihre Hand

und streichelt ihnen sanft das Gesicht. Dabei kul-
lern große runde Tränen aus ihren Augen. Die sind
ganz klar und durchsichtig und während sie fallen,
wird es hell und warm im Zimmer. So als schiene
plötzlich die Sonne.

Mehr tut die alte Frau, die ein Engel ist, nicht. Sie
sitzt einfach nur da und weint. Doch die kranken
Kinder fühlen sich wunderbarerweise sofort ge-

tröstet. Jeden Abend warten sie deshalb darauf, dass sie mit ihnen weint. Und jeden Abend kommt sie. Und danach schlafen auch die kränksten Kinder ganz tief und fest.

Cordula Tollmien

Das Piratenschiff

Diese Geschichte ereignete sich vor langer, langer
Zeit:

Der Griechenjunge Perikles hatte auf der „Akropolis", einem Frachtschiff, als Matrose angeheu-
ert. Und nun fuhr er zum ersten Mal hinaus auf
hohe See.

Perikles war arm. Das Einzige, was er besaß, war
eine geschnitzte Flöte, die ihm einst sein Groß-
vater geschenkt hatte. In jeder freien Minute
spielte Perikles darauf. Auch jetzt.

Es war schon dunkel. Perikles saß an Deck des Schiffes.

Der Smutje kam vorbei und sagte: „Du solltest lieber in deine Koje gehen. Heute ist Vollmond. Da spukt das Piratenschiff wieder herum."

„Das Piratenschiff?", fragte Perikles neugierig.

Der Smutje erzählte: „Vor vielen Jahren ist das Piratenschiff auf ein Felsenriff gelaufen und untergegangen, mit Mann und Maus. Und nun finden die Seeräuber keine Ruhe. Wer ihnen begegnet, verliert das Liebste, was er hat."

„Das ist ein seltsames Märchen", sagte Perikles lächelnd, lehnte sich zurück und blies nachdenklich auf seiner Flöte.

Rund und hell stand der Mond am Himmel.

„Eigentlich bin ich doch ein recht glücklicher Junge", dachte Perikles, während er ein Schlaflied spielte. Es sollte für heute das letzte sein, danach wollte er sich hinlegen. Aber halt – was war das?! Am Horizont tauchte ein großes Schiff mit geblähten Segeln auf und kam mit unglaublicher

Geschwindigkeit näher: das Piratenschiff! Ein Mann mit einer schwarzen Augenklappe stand an Bord, grinste hämisch und rief: „He, Jungs! Bringt mir das Schmuckstück rüber."

Zwei Seeräuber schwangen sich mit einem Seil an Deck der „Akropolis", stürzten sich auf Perikles, entrissen ihm die Flöte, fesselten und knebelten ihn. Dann verschwanden sie spurlos.

Am nächsten Morgen fanden die Matrosen Perikles.

„Ich habe das Geisterschiff gesehen!", sagte er schaudernd. „Die Piraten haben mir die Flöte weggenommen." Denn sie war das Liebste, was er besaß.

Als die „Akropolis" in Afrika anlegte, kauften die Matrosen für Perikles eine neue Flöte: eine aus Ebenholz. Darauf spielte Perikles alle seine Lieder und die Matrosen hörten ihm zu. Aber wenn es Abend wurde, ging er lieber in seine Kajüte, denn dem Piratenschiff wollte er kein zweites Mal begegnen.

Doris Jannausch

Der Geisterblitz

Hallo, ich bin Alwin. Sehen könnt ihr mich nicht. Hören auch nur ganz selten. Aber finden könnt ihr mich überall. Am liebsten bin ich allerdings in der Schule und geistere dort in den Köpfen der Schüler herum. Meine Spezialität ist nämlich der Geisterblitz. Und der wirkt am besten in der Schule.

Letzte Woche zum Beispiel: Julian war dran. Er ist einer meiner Lieblingsschüler. Sehr freundlich, aber ein bisschen langsam. Und rechnen kann Julian überhaupt nicht.

Der Lehrer hatte einen schlechten Tag. Schon an der Art, wie er in die Klasse kam, konnte man sehen, wie übel gelaunt er war. Und nach der ersten Frage war dann endgültig alles klar.

„Julian, wie viel ist 3 mal 37?" Julian wusste es natürlich nicht. Ist ja auch ziemlich schwer.

„3 mal 37?", wiederholte der Lehrer. „Na, kriege ich heute vielleicht noch mal eine Antwort?"

Julian schwieg.

Da wusste ich: Bald bin ich dran. Denn gleich würde der Lehrer schimpfen und versuchen Julian Angst zu machen. Und tatsächlich, da passierte es auch schon. Ärgerlich schaute der Lehrer Julian an. „Dir ist hoffentlich klar", sagte er, „dass du sitzen bleiben wirst, wenn du so weitermachst."

Das war mein Stichwort. Wer Angst hat, kann nicht denken. Julian brauchte dringend meine Hilfe. Also zündete ich meinen Geisterblitz.

„111", rief Julian.

Die Schüler waren begeistert. Der Lehrer war völlig entgeistert.

„37 mal 27?", versuchte er es mit einer noch schwereren Frage.

Die Antwort kam wie aus der Pistole geschossen: „999."

So einfach legt man Alwin nicht herein. Für mich ist das alles ein Kinderspiel. Ein Geisterblitz und alles ist klar. Die Kinder freuen sich und ich hab meinen Spaß. Und das ist das Wichtigste für mich.

Cordula Tollmien

Das Gesicht am Fenster

Der Herbstwind tobte um das Hochhaus. Im obersten Stockwerk lag Thilo und konnte nicht einschlafen. Er fürchtete sich, auch wenn er es nicht zugeben wollte. Und dann klopfte auch noch jemand ans Fenster. Na, wenn das nicht unheimlich war! Denn wer konnte schon im neunten Stock gegen das Fenster klopfen? Höchstens ein Riese. Aber Riesen gab es nicht. Oder?

Thilo lugte zum Fenster. Ein gelbes, viereckiges Gesicht grinste herein. Es wiegte sich hin und her, hüpfte auf und nieder – so als tanze da draußen ein närrischer Clown herum.

„Hilfe!", rief Thilo. „Ein Gespenst will zu mir herein."

Die Eltern stürzten ins Zimmer. Als sie das schreckliche Gesicht entdeckten, erschraken sie ebenfalls. Doch sie fassten sich schnell wieder. Die Mutter riss das Fenster auf und der Vater holte das tanzende Gespenst ins Zimmer. Thilo ging vorsichtshalber in Deckung.

„Seht euch das mal an!" Der Vater lachte.

Zuerst traute sich Thilo nicht, aber dann sah er

doch hin: Das gelbe Gesicht war aus Papier. Und es hing an einer langen Schnur: ein Drachen!

„Er hat sich an unserem Fenster verfangen", sagte die Mutter. „Sicher gehört er Jürgen."

Jürgen war der Nachbarsjunge. Als er seinen Drachen wiederbekam, freute er sich sehr.

„Ich habe gleich gewusst, dass dieses viereckige Gesicht ein Drachen war", prahlte Thilo. „Ich fürchte mich nämlich nie."

Aber wir wissen es besser.

Doris Jannausch

Wenn der Löwe schnurrt

Am Sonnabend wollen Saschas Eltern ein Garten-
fest feiern.

"Hoffentlich regnet es nicht!", sagt Mama.

"Hoffentlich können wir grillen!", sagt Papa.

"Hoffentlich darf ich aufbleiben!", sagt Sascha.

Mama und Papa lachen.

„Ein bisschen länger aufbleiben darfst du schon",
sagt Mama. „Aber ich glaube, du wirst dich bald
langweilen. Es kommen nur große Leute und keine Kinder." Mama soll Recht behalten. Das Grillen ist lustig. Aber danach kommt nicht mehr viel.
Die großen Leute reden nur über langweilige
Sachen.

Sascha geht zwischen ihnen herum. Doch niemand kümmert sich um ihn.

Papa hat bunte Lampions zwischen die Bäume gehängt. Das sieht sehr schön aus. Aber außer Sascha schaut kaum jemand hin. Die großen Leute könnten genauso gut im Wohnzimmer sitzen.

Nach einer Weile kommt Mama und sagt: „Es wird Zeit für dich."

„Ach nein, noch ein bisschen!", bettelt Sascha. Er weiß auch nicht, warum. Die großen Leute langweilen ihn. Aber der Abend ist warm und schön. Über den Lampions steht jetzt die silberne Mondsichel. An so einem Abend muss doch noch etwas passieren!

Sascha verlässt die Terrasse. Er geht in den Garten. Er setzt sich auf die unterste Stufe.

Ein wenig schläfrig ist Sascha jetzt schon. Er stützt sich mit dem linken Arm auf einen steinernen Löwen. Der dient als Blumentopf. Aus einem viereckigen Loch in seinem Rücken blühen rote Geranien.

Sascha streichelt den Kopf des Löwen.

Er fühlt sich ganz warm an. Sicher hat er die Sonnenwärme des Nachmittags festgehalten.

Plötzlich spürt Sascha unter seiner Hand etwas Merkwürdiges. Es ist keine richtige Bewegung, sondern mehr ein Geräusch. Es wird stärker und stärker.

Sascha hält den Atem an. Jetzt weiß er, was das ist! Der Löwe schnurrt. Er schnurrt heftig und laut wie eine große Katze.

Sascha krault ihn im Nacken, unter dem Kinn und hinter dem Ohr. Das Schnurren wird immer stär-

ker. Es klingt behaglich und zugleich ein bisschen
bedrohlich.

Ganz langsam beugt Sascha sich vor. Auch der
Löwe bewegt langsam den Kopf. Seine Augen funkeln im Mondlicht und seine großen Fangzähne
blitzen.

Dann gähnt der Löwe und aus seiner Kehle dringt
ein Grollen. Das Schnurren ist nun verstummt.

Sascha möchte seine Hand am liebsten zurück-
ziehen. Aber vielleicht ist das dem Löwen nicht
recht und er will weitergestreichelt werden. Also
lässt Sascha seine Hand über den dicken Kopf und
den Nacken hinuntergleiten, wieder und wieder.

Da schließt der Löwe sein Maul und seine Augen. Zufrieden duckt er sich unter der streichelnden Hand. Wieder beginnt er zu schnurren. Diesmal wird Sascha ganz müde davon.

„Sascha, wo bist du?" Das ist Mama oben auf der Terrasse. Im nächsten Augenblick steht sie schon neben ihm.

Der Löwe schnurrt nicht mehr.

„Jetzt musst du wirklich ins Bett", sagt Mama. „Ich glaube beinahe, du schläfst schon, mein Schatz."

„Nein, ich schlafe noch nicht", antwortet Sascha. „Ich habe den Löwen gestreichelt."

„Geträumt hast du offenbar auch", sagt Mama. „Mach, dass du ins Bett kommst!" Sascha tätschelt dem Löwen zum Abschied den Kopf.

„Pass auf, dass du mir meine Geranien nicht abbrichst!", sagt Mama.

„Ach, die blöden Geranien!", murmelt Sascha so leise, dass Mama es nicht versteht.

Aber der Löwe – der Löwe hat es bestimmt gehört.

Ingrid Uebe

Das Gespenst ohne Kopf

Wenn Claudia im Winter von der Turnstunde nach Hause ging, war es schon finster. Die Siedlung lag am Rande der Stadt. Claudia hatte nie Angst – bis Joachim, der Nachbarsjunge, eines Tages zu ihr sagte: „Pass bloß auf, in unserer Siedlung spukt's!"

Natürlich glaubte ihm Claudia nicht. Sie konnte den großmäuligen Joachim ohnehin nicht leiden.

Aber als sie an diesem dunklen Abend heimwärts trabte, musste sie doch an Joachims Warnung denken.

Sie hörte Schritte hinter sich! Wenn sie stehen blieb, verstummten sie. Lief sie weiter, liefen die Schritte mit. Um ihre Angst zu vertreiben pfiff Claudia laut vor sich hin. Da begann auch der unsichtbare Verfolger zu pfeifen.

Nun war es mit Claudias Mut endgültig vorbei. Sie rannte um die Ecke, drückte sich ängstlich gegen die Mauer und wartete. Doch die Schritte kamen näher. Dann fegte etwas Weißes heran. Es brach in schauerliche „Huiiiiii!"-Rufe aus, rasselte mit Ketten und berührte Claudias Gesicht mit feuchter Hand: ein Gespenst!

Und da – es trug den Kopf unter dem Arm. So etwas Schreckliches hatte sie noch nie zuvor gesehen. Schreiend lief sie davon.

Die Leute stürzten aus den Häusern um nachzusehen, was es gäbe.

„Ein Gespenst ohne Kopf!", rief Claudia, am

ganzen Leibe zitternd. „Es ist hinter mir her. Hilfe!
Hilfe!"

Doch da war kein Gespenst. Da war nur Joachim.
Und er sagte: „Ich habe das schreckliche Gespenst
auch gesehen. Ehrlich. Es hat sich gerade eben in
Luft aufgelöst."

Die Leute zogen sich kopfschüttelnd zurück. Joachim begleitete Claudia nach Hause, was ihr aus-
nahmsweise ganz recht war. Sie deutete auf seine große Tasche und fragte, was darin sei.

„Schulkram", antwortete Joachim und machte ein scheinheiliges Gesicht. Er konnte ja nicht verraten, was sich wirklich in der Tasche befand: ein weißes Leintuch, eine Rasselkette und ein Fußball. Den hatte Joachim als Kopf unter dem Arm getragen, denn das Gespenst war kein anderer als er gewesen! Ja, er hatte Claudia richtig reingelegt!

„Komisch", sagte Claudia nach einer Weile, „du hast genau die gleichen Schuhe an wie das Gespenst." Joachim wurde rot wie Klatschmohn. Und dann mussten sie beide lachen.

Doris Jannausch

Wer pocht an meine Tür?

In den Sommerferien fuhr Michael mit seinen Eltern in den Schwarzwald. Am Nachmittag kamen sie auf der Autobahn in einen dicken Stau. Papa schimpfte. Mama stöhnte. Michael fragte immer wieder: „Wann sind wir denn endlich da?"

Diese Frage konnte keiner von ihnen beantworten. Der Stau nahm einfach kein Ende.

Als es dunkel wurde, fuhr Papa von der Autobahn herunter. Er sagte: „Wir werden irgendwo übernachten. Morgen früh fahren wir weiter."

Mama atmete auf. Michael freute sich auch.

Sie fuhren noch ein kleines Stück über die Landstraße. Dann beleuchteten die Scheinwerfer ein Schild:

„Da fahren wir hin", sagte Papa. „Es ist sicher sehr teuer", meinte Mama. „Das ist mir egal", antwortete Papa. „Ich bin müde und Hunger habe ich auch."

Das Hotel sah wirklich aus wie ein echtes Schloss. Es hatte Türme und Erker. Es war von

einem Weiher umgeben. Über eine Brücke ge-
langte man in den Hof. Das Licht der Laternen
beleuchtete grüne Rasenflächen und blühende
Rosenbeete.

„Hier gefällt es mir", sagte Mama. „Hoffentlich haben sie noch etwas frei!" Sie hatten tatsächlich Glück. Es waren noch genau zwei Zimmer frei: ein Doppelzimmer im ersten Stock und ein Einzelzimmer oben im Turm.

Der freundliche Herr am Empfang sah Michael forschend an. „Ich hoffe, du hast keine Angst", sagte er. „Wenn du lieber bei deinen Eltern schlafen möchtest, kann ich in dem Doppelzimmer noch eine Liege aufstellen lassen."

Aber Michael wollte unbedingt allein oben im Turm schlafen.

Zum Abendbrot traf er seine Eltern unten im Speisesaal. Das Essen war sehr gut. Sie bekamen eine klare Suppe, zarte Schnitzelchen mit Pommes frites und Gemüse, danach jeder ein Stück Schokoladentorte. Eine nette alte Dame ging zwischen den Tischen umher. Sie hatte eine hohe weiße Frisur und ein Schultertuch aus schwarzer Spitze.

„Ist alles in Ordnung?", fragte sie ihre Gäste lächelnd. „Hat Ihnen das Essen geschmeckt?"

„Es war vorzüglich", antwortete Papa. „Genau so, wie es sich für dieses schöne Schloss gehört. Jetzt fehlt nur noch ein zünftiger Spuk, ein Poltergeist oder so etwas Ähnliches."

Wenn Papa gut gelaunt war, pflegte er solche Späße zu machen.

Die alte Dame lächelte. Also hatte sie den Spaß verstanden.

„Warten Sie nur bis Mitternacht", sagte sie. „Es geht die Sage, dass vor vielen Jahren unten im Verlies ein Ritter verhungert ist. Der spukt zur Geisterstunde durch die Gänge und jammert nach Brot."

Michael blickte auf sein Stück Schokoladentorte. Er hatte nur einmal davon probiert. Es schmeckte köstlich. Aber leider war er schon satt.

„Du kannst es mit auf dein Zimmer nehmen", sagte die alte Dame freundlich, „für den Fall, dass du heute Nacht Hunger bekommst."

Sie nickte Michael zu und Michael nickte zurück. Mama und Papa brachten ihn hinauf in sein Zimmer.

„Schließ nach uns die Tür ab!", sagte Mama. „Man muss vorsichtig sein in fremden Hotels."

Michael gehorchte. Den Teller mit dem Stück Torte stellte er auf den Nachttisch. Dann kroch er ins Bett. Aber er konnte lange nicht einschlafen. Er wälzte sich von einer Seite auf die andere. Sicher hatte er zu viel gegessen.

Endlich hörte er draußen irgendwo eine Glocke schlagen. Er zählte zwölf laute Schläge. Kaum war der letzte verklungen, da vernahm er leises Jammern und Stöhnen vor seiner Tür. Es folgten ein dumpfes Pochen und schließlich ein Geräusch wie von langen Fingernägeln, die über das Holz kratzten.

Michael lag stocksteif im Bett und starrte aus weit geöffneten Augen in die Dunkelheit. Er wusste nicht, was er tun sollte. Vielleicht das Fenster öffnen und um Hilfe schreien? Aber wer sollte ihn hier oben hören?

Das Jammern und Stöhnen steigerte sich zu einer einzigen langen Wehklage.

Das Pochen und Kratzen dehnte sich aus – über die Wände, den Fußboden und die Zimmerdecke. Der ganze Raum war von den schauerlichen Geräuschen erfüllt.

Bewegte sich da nicht etwas in der Dunkelheit? Streifte da nicht etwas Michaels Wange?

Michael zog sich mit beiden Händen die Bettdecke über das Gesicht. Er wollte nichts mehr hören. Er wollte auf keinen Fall etwas sehen.

Unter der Bettdecke fühlte er sich geborgen. Niemand konnte herein und an ihn heran. Das Jammern und Stöhnen, das Pochen und Kratzen – alles blieb draußen.

Nach einer Weile schlief Michael ein. Er träumte. Im Traum ging er durch eine Wüste. Eine glühende Sonne brannte auf ihn herunter. Ihm war sehr heiß. Davon wachte er auf.

Er kroch unter der Decke hervor. Im Zimmer war es schon hell. Durchs Fenster leuchtete ein Stück blauer Himmel. Michael setzte sich auf und ließ die Beine aus dem Bett baumeln. Sein Blick fiel auf den Nachttisch. Das Stück Torte war fort.

Ingrid Uebe

Ein seltsamer Fahrgast

Rattata, rattata, rattata! Der Zug fuhr durch die Nacht.

Peter sah auf die Armbanduhr, die ihm Tante Maria zum Abschied geschenkt hatte: fünf Minuten vor elf Uhr. Morgen früh würde er wieder zu Hause sein. Die Ferien in Südtirol waren zu Ende.

Peter machte es sich in der Ecke des Abteils gemütlich. Eine trübe Funzel brannte an der Decke. Ihm gegenüber saß ein dicker Mann mit herausquellenden Froschaugen. Sonst war das Abteil leer.

Der Mann fragte: „Wie spät ist es?"

„Es ist jetzt genau vier Minuten vor elf", antwortete Peter.

Der Mann sagte nicht einmal „danke", er starrte Peter nur ununterbrochen an, als wollte er ihn verschlingen. Dabei ließ er seine Zunge über die dicken, breiten Lippen gleiten.

Der Zug fuhr nun durch einen Tunnel. Das Licht ging aus.

Rattata, rattata, rattata! Peter drückte sich in die Ecke, es schien ihm, als käme von der gegenüberliegenden Bank, wo der Mann saß, ein eisiger Windhauch. Endlich ging das Licht wieder an. Gleichzeitig kam der Schaffner und verlangte die Fahrkarte.

„Quaaak!", sagte jemand.

Der Schaffner blickte erstaunt auf. „Wie kommt denn der Frosch ins Abteil?" Gegenüber von Peter saß ein kleiner grüner Frosch und glotzte ihn mit herausquellenden Augen unverwandt an. Plötzlich schnappte er mit seinem breiten

Maul nach einer Fliege. Dann machte er noch
einmal: „Quaaak!"

„Aber vorhin hat da ein Mann gesessen!", stammelte Peter.

Doch der Schaffner meinte kopfschüttelnd: „Unmöglich. Den hätte ich doch beim Einsteigen sehen müssen." Vorsichtig nahm er den kleinen Frosch in die Hand und sagte: „Den bringe ich meinen Kindern mit."

Nun war das Abteil ganz leer. Nur Peter saß in der Ecke. Es war Punkt elf Uhr. Wie konnte sich innerhalb weniger Minuten ein Mann in einen Frosch verwandeln? „Das glaubt mir kein Mensch!", dachte Peter und schlief ein.

Der Zug fuhr weiter durch die Nacht: Rattata,

Doris Jannausch

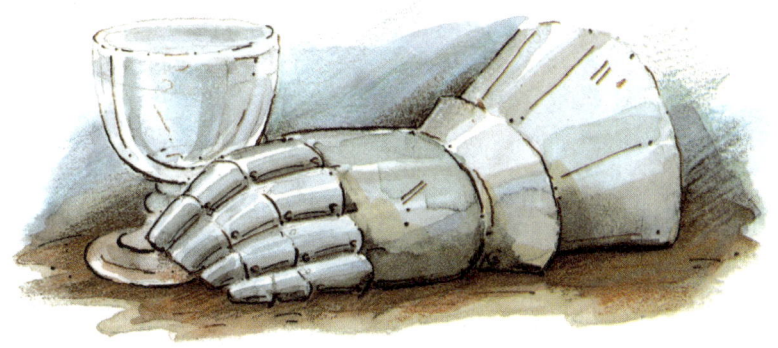

Der schreckliche
Baldurach

Habt ihr schon mal ein richtiges Gespenst gesehen? Nein? Aber ich. Und das kam so:

Meine Freundin Antje und ich machten eine Radtour. Auf dem Heimweg wollten wir eine Ritterburg besichtigen und kamen gerade noch rechtzeitig zur letzten Führung.

„Nichts anfassen!", sagte der Burgverwalter, der uns durch die verwitterten Säle führte. „Das ist streng verboten."

Und da bekamen wir natürlich Lust erst recht etwas anzufassen!

„Weißt du was?", raunte ich Antje zu. „Wir wollen Gespenster spielen!" Im Blauen Saal blieben wir zurück, krochen in zwei Ritterrüstungen, riefen „huiii!" und klapperten mit dem Eisen.

Der Burgverwalter, der nicht wusste, dass sich noch jemand im Blauen Saal befand, verschloss die Tür. Zu spät merkten wir, dass wir eingesperrt waren und in der Falle saßen.

Verzagt kauerten wir uns nun in eine Ecke. Wie kalt es in diesem alten Gemäuer war! Und wie dunkel. Da schlug es Mitternacht. Kaum war der letzte Schlag verklungen, hörten wir lautes Stöhnen, schleppende Schritte und Kettengerassel. Wir versteckten uns in den Ritterrüstungen.

Die Schritte kamen immer näher. Knarrend ging die Tür auf. Ein großer Mann kam herein. Er hatte altmodische Kleider an, schwere Ketten an Händen und Füßen und sein Gesicht war bleich wie der Mond am Himmel.

„Ich bin der schreckliche Baldurach!", stöhnte das Gespenst mit dumpfer Stimme. „Huuuuu! Huuuuu!"

Dabei schüttelte es beide Fäuste, ließ die Ketten rasseln und benahm sich überhaupt höchst lächerlich.

„Huiii!", rief Antje, klappte mutig das Visier der Ritterrüstung hoch und schnitt wilde Grimassen. „Und ich bin die schreckliche Antjebantje!"

Sie zielte mit ihrer Wasserpistole auf Baldurach

und – plitsch, platsch! – knallte der Wasserstrahl auf seine Gespensternase. Er brach in schauerliches Wehgeheul aus und rief: „Hilfe, hier spukt's!", und lief davon.

Als uns der Burgverwalter am nächsten Morgen fand, meinte er mitleidig: „Was müsst ihr nur für Angst gehabt haben!" „Wir nicht!" Antje und ich lachten. „Aber der schreckliche Baldurach!"

Das dumme Gesicht des Burgverwalters hättet ihr sehen sollen.

Doris Jannausch

Der Vampir
vom Schlossberg

Wisst ihr, was ein Vampir ist? Eine Fledermaus, die Blut trinkt, so steht es im Lexikon, dem schlauesten aller Bücher.

Aber ich habe einmal einen ganz besonderen Vampir gesehen. An einem Herbstabend machte ich einen Spaziergang zum nahe gelegenen Schlossberg. Unterwegs fand ich braunrote Kastanien, hob sie auf und steckte sie ein. Ich wollte daraus Männchen für meine Freunde basteln.

Auf einmal hörte ich ein merkwürdiges Rauschen in der Luft. Die Baumwipfel bewegten sich und ein riesiges Tier fiel direkt vor meine Schuhspitzen. Als ich genauer hinsah, merkte ich, dass es ein dünner Mann mit einem weiten Mantel war. Zwei spitze Zähne hingen ihm über die schlaffe Unterlippe.

„He", sagte ich ungehalten, „was willst du hier? Verschwinde gefälligst!" Der Mann sah mich durchdringend an. Dann knurrte er böse: „Ich will dein Blut!" Ihr könnt euch denken, dass ich einen ziemlichen Schreck bekam. Doch ich ließ mir nichts anmerken und sagte forsch:

„Mein Blut brauche ich selber. Da musst du dich schon anderweitig bemühen."

Unruhig spielte ich mit den Kastanien in meinen Händen. Der Vampir machte Stielaugen.

„Was hast du da?", fragte er. Da kam mir eine Idee. „Das geronnene Blut des Waldes", sagte ich mutig und polierte die braunroten Kastanien.

„Gib sie mir!", rief der Vampir gierig. „Dann lass ich dich laufen."

Ich warf ihm die Kastanien zu. Er fing sie geschickt auf, breitete seinen weiten Mantel aus, erhob sich in die Lüfte und verschwand.

Ich atmete erleichtert auf. Und dachte: „So ein Vampir hat doch keine Ahnung, was im Wald alles herumliegt. Der wird sich die Zähne ganz schön an den Kastanien ausbeißen!"

Dann machte ich, dass ich so schnell wie möglich nach Hause kam.

Doris Jannausch

Die Nebelfrau

Mitten in der Lüneburger Heide steht ein einsames Gasthaus. Dort erholt sich Onkel Ivo. Er besitzt eine große Fabrik und hat eigentlich nie Zeit ein wenig spazieren zu gehen. Doch jetzt, im Urlaub, will er das nachholen.

„Bei dem Nebel sollten Sie lieber nicht spazieren gehen", warnt ihn die Wirtin.

Doch Onkel Ivo lässt sich nicht aufhalten. Vergnügt geht er in die Heide. Der Nebel wird immer dichter. Die Wacholderbüsche stehen gekrümmt

am Wegrand – als hätten sie Bauchschmerzen. Das findet Onkel Ivo besonders lustig. Aber plötzlich bleibt er mit einem Ruck stehen: Was ist das?

Zwischen den Büschen bewegt sich etwas. Jemand winkt ihm mit einem Schleier zu, tanzt und singt mit dünner Stimme: „Nebel, leicht und bleich und fein, hülle alles Leben ein, lösche schnell die Sonne aus, lege dich um jedes Haus!"

Immer neue Nebelschwaden steigen auf, fließen ineinander, zerreißen leicht wie Spinnweben. Und da entdeckt Onkel Ivo die Nebelfrau: Sie ist lang und dünn und ihre weißen Haare wehen im Wind. Langsam streckt sie die Arme aus, berührt Onkel Ivo mit eisigen Fingern und zerfließt in einem milchigen Nebelstreifen.

Onkel Ivo findet nicht mehr zum Gasthaus zurück. Er verläuft sich in der Heide. Erst als die Nebelwand zerreißt und die Sonne wieder scheint, kann er den Rückweg antreten.

„Sie sind der Nebelfrau begegnet, nicht wahr?", fragt ihn die Wirtin.

Onkel Ivo nickt. Auf seinem rechten Ärmel, genau da, wo ihn die Nebelfrau berührt hatte, befindet sich eine weiße Stelle: Als hätte der Bäcker Mehl darüber gestäubt. Aber der Fleck geht nicht mehr weg.

Doris Jannausch

Die kleinen
blauen Bibbels

Neulich fragte mich Janne, meine kleine Schwester: „Kennst du die kleinen blauen Bibbels?"

„Nein", antwortete ich. „Wer soll das denn sein?"

„Heute Nacht wirst du es wissen", sagte Janne.

Um Mitternacht gingen wir in das kleine Turmzimmer. Die Holzdielen knackten. Und dann begann es zu trippeln und trappeln, zu wispern und flüstern.

„Das sind die kleinen blauen Bibbels!", raunte mir Janne leise ins Ohr. „Siehst du sie?"

Ich konnte nichts erkennen. Dazu war es zu dunkel.

„Pass auf", sagte Janne, „gleich wird der Oberbibbel die Glocke läuten." Es scharrte und schepperte und knarrte, obwohl wir uns gar nicht bewegten. Am liebsten wäre ich weggelaufen, aber

Janne hielt mich fest.

„Die Bibbels tun dir nichts. Du musst dich nur ganz flach auf den Boden legen." Wir legten uns nebeneinander auf den Fußboden. Und dann schlug die Turmglocke.

„Horch, wie sie singen!" Janne war ganz aufgeregt. „Kannst du es hören?"

Ja, ich hörte die Bibbels singen. Es war ein richtiger Chor. Und als die Glocke verstummte, sagte ich freundlich: „Vielen Dank, liebe blaue Bibbels. Das habt ihr fein gemacht."

Und eine knarrende Stimme ächzte: „Iiiiii – ääääää!

Bis bald, Kinder, bis bald!"

Manchmal besuchten uns die kleinen blauen Bibbels im Schlafzimmer, turnten auf der Gardinenstange oder kratzten an den Wänden.

„Dieses alte Haus geht mir auf die Nerven", seufzte unsere Mutter. „Man könnte wirklich meinen, die Wände seien lebendig."

„Das sind die kleinen blauen Bibbels", sagten Janne und ich. „Sie wohnen mit uns unter einem Dach."

Doch unsere Eltern glaubten es nicht. Wie eben Erwachsene so sind! Da kann man nichts machen.

Doris Jannausch

Die Autoren

Doris Jannausch studierte Dramaturgie, nahm Schauspielunterricht und war zehn Jahre lang Schauspielerin in Greifswald und Berlin. Nach ihrer Heirat wechselte sie vom Theater zum Kabarett. Sie lebt jetzt als freie Schriftstellerin in Baden-Württemberg. Neben Feuilletons, Erzählungen, Hörspielen und Romanen gilt ihre Liebe vor allem Kinderbüchern.

Cordula Tollmien, 1951 geboren, studierte Mathematik, Physik und Geschichte. Seit 1986 ist sie freiberufliche Schriftstellerin und schreibt für Kinder und Erwachsene. Für „La gatta heißt Katze" erhielt sie 1986 den Peter-Härtling-Preis für Kinderliteratur. Außerdem wurde ihre Biografie über die russische Mathematikerin Sofja Kowalewskaja 1996 für den Deutschen Jugendliteraturpreis nominiert.

Ingrid Uebe ist in Essen/Ruhr geboren und groß geworden. Seit sie lesen konnte, träumte sie von einem Beruf, der etwas mit Schreiben zu tun hat. Sie wurde Journalistin und ist es mit Leidenschaft immer noch. Seit vielen Jahren schreibt sie – unabhängig von ihrer Tätigkeit für Tageszeitungen und Rundfunkanstalten – Kinder- und Jugendbücher.

Die Bilder

Heinz Ortner: Seiten 22, 24, 25, 27, 41, 42, 43, 45, 46, 47, 48, 49, 55, 57, 59, 61, 79, 80, 82, 84, 114/115, 117, 118, 125, 126, 127, 129, 131, 133, 134

Angela Weinhold: Seiten 11, 13, 14, 16, 19, 20, 32, 34/35, 36, 39, 40, 69, 70, 73, 74/75, 77, 86, 88/89, 91, 92, 98/99, 101, 102, 108/109, 110

Maria Wissmann: Seiten 28, 30, 31, 50, 51, 52, 53, 62, 63, 64, 65, 93, 94/95, 96, 103, 105, 106, 111, 112/113, 120, 122, 123, 124, 136, 137, 138, 139, 141, 142/143, 144, 145, 146, 147, 148, 150, 151, 153, 154, 156

Abenteuergeschichten

ISBN-3-8112-1770-4

Hexengeschichten

Freundschaftsgeschichten

ISBN 3-8112-1810-7

ISBN 3-8112-1811-5

Tiergeschichten

Geheimnisgeschichten

ISBN 3-8112-1768-2

ISBN 3-8112-1809–

... und noch mehr Spannung gibt's mit den

ISBN 3-8112-1808-5

ISBN 3-8112-1767-4

ISBN-3-8112-1769-0

ISBN 3-8112-1766-6

gondolino